EL AVE FÉNIX QUE RESURGE
Y LA ROSA ETERNA

RIGOR MORTIS

ExLibric

DANIEL VELÁZQUEZ

RIGOR MORTIS

EXLIBRIC

ANTEQUERA 2021

DANIEL VELÁZQUEZ

RIGOR MORTIS

Índice

Agradecimientos

Gran parte de mi agradecimiento es homenaje, pues ya no hay otra forma de hacerlo. Gracias a quienes fueron primo y yaya. Fueron primo, hermano y amigo; abuela, madre y maestra. Ahora son ángeles, mis maestros. Que el cielo os tenga en su gloria.

También me gustaría agradecer la implicación de Laura Esteban, profesora de Lengua Castellana y Literatura en el I.E.S. Vela Zanetti de Aranda de Duero, por su labor en la corrección y primera revisión del presente libro.

Y, por supuesto, a ti, querido lector. Espero que mi mensaje te llene de fuerza y paz.

Prólogo

Obra no apta para almas aún no formadas.

La muerte nunca fue tabú para mí, excepto cuando estuve muerto, claro. Esta es la historia poética sobre un doble duelo que me hizo morir, desaparecer, huir y volver a encontrarme. Un recorrido emocional desde el Hades al Agapē, desde el inframundo al amor propio. *Rigor Mortis,* lejos de parecerse a lo macabro, es un libro frágil con poderosas palabras, escrito desde la vulnerabilidad del ser. Su título, en latín ya que es una lengua muerta que aún vive, representa esa muerte metafórica, simbólica y emocional que transité.

Los siguientes escritos y poemas fueron las tiritas emocionales que utilicé en los momentos más arduos de mi existencia, entre 2018 y 2020. Una etapa de sueños truncados, fracasos, escasez, grandes pérdidas, caídas y huidas que me llevaron a un proceso de transformación personal que a día de hoy me permite publicar el presente libro. Ahora, se lo entrego al mundo con la pura intención de liberarme de ello, sanar y cerrar todas mis heridas y, si es posible, acompañaros en la curación de las vuestras.

Rigor Mortis nace en un terreno yermo, en la soledad del llanto, en la lejanía de la familia, en el olvido y reencuentro con el ser. Está dividido en cuatro fragmentos que narran, a modo poético, mi proceso de doble duelo en todas sus fases. Sus cuatro fragmentos son: «Silencio» contiene aquellos escritos que no tienen respuesta, es decir, en los que su verdad es íntegra y no hay réplica alguna; «Voces» alberga y resuena con esas palabras que pueden ser cuestionadas. Aquellas voces en nuestro interior que emanan desde la ira, la tristeza, y otros estados del duelo; «Duele duelo» son poemas, cartas y escritos a mis muertos, es el fragmento más delicado, material ultrasensible, un homenaje poético a los que ya no están. Y, por último, «Post Mortem», es el tramo que recorre el sendero hacia la aceptación. Todo ello contado desde el caótico orden cronológico del mismo proceso y con documentación fotográfica.

En él encontrarás llanto, desolación y dolor, pero también fuerza, sanación y amor. A día de hoy la revisión de cada palabra aún me hace palpitar la herida, pero he comprendido y aceptado la naturaleza de ese dolor por el simple hecho de que seguimos vivos y estar vivo, amiga mía, es el regalo. Pues, la vida es la flor más delicada del universo y el ser humano es solamente el estigma de esa flor. Es humano y natural que duela, lo bello es contemplar cómo ese dolor se transforma, con el tiempo y cariño, en algo más dulce llamado amor. Y aunque parezca que esa transformación no va a llegar nunca, llega. Todo llega, como las aguas por el cauce a su desembocadura, siempre llega.

Durante esta transformación me he dado cuenta de que cualquiera puede estar en la más auténtica vulnerabilidad, pero no cualquiera se atreve a mostrarla, menos aún a curar sus heridas a través de palabras para los otros. Y por ello manifiesto aquí mi osadía poética, no desde el orgullo ni desde el ego, sino desde el amor.

Podemos estar rotos por mil circunstancias; una discusión, un maltrato, una ofensa de alguien cercano, una pelea, una ruptura, la pérdida de un ser querido, etc. Este libro trata de esta última herida, la muerte y pérdida definitiva de aquello que se ama. Por ello mi definición de duelo es "aprender a amar sin tener".

Mi terapeuta, Cecilia Colombo, a la que también quiero dedicar parte de este libro y agradecer su labor como persona y profesional, me dijo una vez en nuestras Cecisesiones, como a mí me gustan llamarlas, que quizás vengamos a este mundo a aprehender a perder. Y yo automáticamente pensé en la paradoja; a pesar de que nos obsesionamos con tener y ganar.

Socialmente, parece que cuando una situación nos supera o un suceso nos rompe en mil pedazos lo más recomendable es "desconectar", ¡cómo si esto solucionase algo! Es tomarte un ibuprofeno para la hernia discal que se te está produciendo. En inteligencia emocional a esto se le llama "usar un parche". Personalmente, creo que ante los dolores del ánima debemos acceder, con cariño y respeto, al epicentro de nuestra herida y, con todo el cuidado del mundo, paciencia y auto comprensión, comenzar a sanar.

Querido lector, espero que a través de este libro se produzca la catarsis emocional que todos, de vez en cuando, necesitamos. Ese caudal de lágrimas para limpiar nuestras heridas y conseguir sanar. Te invito a que entres al Hades de mi interior para que salgas tan fortalecido y amoroso como yo. Pues, al fin, hice algo hermoso con tanto dolor, transformé el dolor y la muerte en poesía. Te invito a vivir la muerte. Adelante.

Preguntas frecuentes

1. ¿Para qué escribir *Rigor Mortis*? ¿Y para qué leerlo? Para purgar mi alma. Y para purgar la tuya.

2. ¿Para quién va dirigido este libro? Para todo aquel que haya perdido a un ser querido y, estando o no en el proceso de duelo, pueda sentirse acompañado. Morir es humano. También va dirigido para todo aquel que se atreva a mirar más allá y no trate el fin de la vida como tema tabú.

3. ¿Cómo leer *Rigor Mortis*? Inspira cada escrito, cada poema, cada reflexión. Detente. No hay prisa. No hay dirección más que hacia ti mismo. Expira lo leído, expira cada poema, cada reflexión. Recuerda, con estas palabras no se pretende llegar a ninguna parte más que hacia ti misma.

4. Banda sonora de *Rigor Mortis* (Recomendación escuchar mientras la lectura)

*En memoria de Sergio García Lobo,
de América Suárez Álvarez y de todos aquellos seres
que formaron parte de mi vida y ya no están.*

D.E.P

«Memento, homo,
quia pulvis es et in pulverem reverteris».

SOBRE MÍ

Morí a los veintiséis años.
Éstas son las escrituras de un muerto.
Desde entonces comencé con la extravagante costumbre de visitar
cementerios y, más de siete días después, sigo intentando resucitar.

I

SILENCIO

La muerte llega con pasos de niño,
pero el niño se hace grande y empieza a correr.
Y cuanto más grande es el niño
más grandes sus pasos son.

———————————————————

¿Qué es la muerte,
si muero en cada suspiro?

La muerte
desaloja el alma de sus hogares temporales,
habita en cada rastro de nueva vida,
camina mano a mano en cada paso,
subyace de las sombras que no podemos ver,
revive cada segundo…
Ahoga,
aprieta
y después...
Fin.

La muerte viene tan lenta que en ocasiones es
imperceptible.

Diferencias
La diferencia entre un victimista y un poeta
es que el victimista solloza a la muerte
mientras que el poeta le escribe versos.

En esta vida **hay tiempo para todo,**
incluso para morir.

¿Y **dónde está la vida** si yo vivo muriendo?

Da igual lo ateo, agnóstico o escéptico que te creas:
cuando la mayoría de tu familia esté muerta,
creerás en un más allá.

No hay **mayor espera** que la de la muerte.

—————————————————————————————

Maté lo vivo por no saber vivir con lo muerto.

———————————————————————————

El sufrimiento estaba reflejado en sus ojos.
Tanto era así que su mirada era capaz de prender fuego
al mismísimo **fuego**.

La muerte no se ve, **se siente.**

Si amas a la vida, ama también a la muerte.
Egoísta

———————————————————————————

Él tenía unos sesenta y cinco años.
La luz de su madre, casi centenaria,
se fue apagando en la cama
de un confortable hospital.
Cuando ella murió, él, a su edad,
lloró tanto su muerte que pude ver
al **niño interior en busca de su mamá.**

XLI

La muerte es un **suspiro**,
pero es el último.

____

Él con sus noventa y pico años lamentaba y lloraba
profundamente la reciente muerte de su mujer.
Era un niño desconsolado, **un joven huérfano de amor.**

La muerte es liberadora.
El resto del tiempo es una mezcla entre dolor y placer,
angustia y bienestar.

XLIV

Camino **como un espíritu** entre las almas de las gentes.

Mi partida
Como el volar de pluma de ave.
Como el dulce calor de aquella hoguera.
Como esa tranquila ola que calma.
Como ese viento que agrada.

Me iré,
y cuando me vaya,
sed felices por mí,
pues al fin habré alcanzado
volver a sentir a quien tanto anhelaba.

Como el volar de pluma de ave.
Como el dulce calor de aquella hoguera.
Como esa tranquila ola que calma.
Como ese viento que agrada.

Al final, **nada es para tanto.**
La muerte tampoco.

XLIX

II

VOCES

Me pregunto yo si nuestros muertos
también nos echarán de menos.

¡¿Qué?!
Qué perdí la frescura.
Qué perdí la chispa de la vida.
Qué mi sonrisa es forzada.
Qué todo esto me lo digo a mí mismo
como mi mayor juez.
Qué la sentencia de mi muerte la ansío
y esto duele tanto
como haber perdido todo lo vivido.

Qué las palabras se desvanecen en lágrimas rotas.
Qué me encuentro y renazco en el horizonte del tiempo
esperando que el final no esté muy lejos.
Qué yo no puedo seguir respirando en esta vida.
Qué me ahogo en recuerdos.
Qué intento vivir cosas nuevas y ya no sé hacerlo.

Qué volví a perder la frescura, la chispa de la vida.
Qué me apago.
Qué me consumo en solitario.
Qué me evado.

Qué…

Todo estará bien para todos
Cuando me vaya, todo estará bien para todos.
Mis vivos agradecerán algunas de las risas que les he dado
y mis muertos me esperarán al otro lado.

Tengo veintisiete años y siento la crisis de los cuarenta.

La crisis de los cuarenta
Ya apenas quedan versos sin estrenar,
labios merecedores de besar.
No hay series interesantes en Netflix,
siempre es lo mismo;
el bueno gana al malo,
el futuro está gobernado por robots,
él se enamora de ella y viceversa.

Ya apenas quedan libros que consigan cambiarme,
canciones que me toquen y me petrifiquen,
sonrisas que me alegren los días,
ni nuevas fragancias como melodías.

Empiezo a verme canas, y no son las primeras.
La noche y el día tan solo son una rueda
corriendo cuesta abajo.
No siento olores nuevos
ni tengo ya abrazos eternos.

No sé si esto es hacerse adulto,
pero no me gusta nada,
porque tengo veintisiete años
y siento la crisis de los cuarenta.

LV

**Del presente de indicativo al imperfecto de subjuntivo
del verbo atropellar**

Hoy casi me atropella un coche.
Hoy casi me dio igual que me atropellara
o atropellase un coche.

____

La voz de mis muertos

El precio de la vida le resultaba demasiado caro,
así que decidió hacer un trueque con la muerte:
él le entregaba su vida, ella venía de inmediato.
Esperó el momento oportuno, encontró el sitio ideal,
y cuando tuvo aquella cuchilla acariciando sus venas,
pensó en ellos.

Recordó sus caras, sus expresiones, sus vívidas miradas
y una felicidad inmensa le invadió.
La cuchilla atravesó su cálida piel
mientras su cuerpo desnudo permanecía en la bañera.
Presionó el filo contra la autopista de su vida
y, mientras la cuchilla circulaba por el subsuelo de su
brazo, comenzó a salir la primera gota de sangre y tras
esta, otra y otra y otra...

De repente, aquella felicidad se convirtió en tormenta.
Comenzó a salir la primera lágrima
y tras esta, otra y otra y otra.
Ya no había vuelta atrás.
Todo el blanco color pureza de la bañera
se iba tiñendo de rojo color dolor.
El frenético latido de su existencia
retumbaba despavorido en su pecho
reclamando el derecho de vivir,
a pesar de los pesares.

Su única esperanza era volver a verlos.
Y cuando su existir gritaba ya sin fuerza, los vio.

Sin duda, eran ellos.
En sus ojos se reflejaba una infinita decepción.
Todos a la vez le dijeron:

«No era el momento, has desperdiciado tu vida.
Te enseñamos a ser más fuerte que la muerte
y en vez de enfrentarte a ella, la llamaste a gritos».

Después, una profunda tristeza le invadió
y toda su vida se fundió ahora en negro color fúnebre.

Descanse tristemente en paz.

Alegría versus tristeza
Mi alegría es ácida.
Intento endulzarla, revivir la llama,
pero las ascuas se resisten a expandirse.

Mi alegría es ácida.
Sonrío, pero hace tiempo que no río,
mi río suele ser caudal de lágrimas.

Mi alegría es ácida,
¿ya lo he dicho?
Así la siento
y juro que una tras otra vez lo intento.

Veo a alguien reír desmesuradamente
y creo que es de otra dimensión.
Me gustaría estar ahí, ser quien ríe
y que esa alegría se haya tragado,
al menos por un instante,
toda mi tristeza.

Querella ante la vida

Qué difícil es que tus seres queridos sean recuerdos.
Qué lejana queda ya la última caricia.
Qué cercanas son las fotografías.
Qué agravio cometió la vida ante mi vida.

Lúcidos destellos de lo que fue y ya no es.
Diapositivas instantáneas con filtro vintage.
Palabras sonoras repitiéndose en mi desván.

Qué difícil la aceptación de un tiempo eterno
tan efímero.
Qué lejana queda ya la última sonrisa.
Qué cercanas son las memorias.
Qué agravio cometió la vida ante mi vida.

Miradas nítidas que se intentan difuminar.
Humor del bueno convertido en vaho.
Corazón congelado en pleno verano.

Qué difícil regar este interior marchito.
Qué lejano queda ya el último beso.
Qué cercanos los nuevos versos.
Qué agravio cometió la vida ante mi vida.

La velocidad de la vida
Supongo que la vida es esto
y que la muerte será aquello.
Supongo que la vida era eso
y que la muerte será esto.

Rabia
Qué sabréis vosotros del olor a geriátrico,
de mierda octogenaria, de sonrisas apagadas,
de problemas sin soluciones.
Qué sabréis de andadores, sillas de ruedas,
camas articuladas y demás artilugios
que seguro desconocéis.
Qué sabréis de vómitos constantes,
de babas que ahogan un alma en pena.
Qué sabréis vosotros del dolor blanco infinito
que oprime el pecho en cada susto,
de la mirada perdida de quien fue
tu faro de Alejandría.

Qué hostias sabréis de la muerte en vida,
de rogar a la muerte su aparición,
de invocarla para que termine la función.

Qué mierda sabréis de este sin vivir
al que vagamos abandonados y petrificados
en una galaxia sin rumbo.

Qué sabréis.

Dejé de temer a la muerte.
Ahora tengo **miedo a desearla**.

Deseo
Quieres y quieres.
Quieres que sean esas gaviotas.
Quieres que sean esas rosas.
Quieres que sean esos abejorros.
Quieres que sean esas nubes que te miran.

El viento que te acaricia.
El oleaje que te empapa.

Quieres y quieres que tus muertos
estén aquí y estén allá
por el anhelo de sus rostros en tu mirar.
Quieres y quieres.

———————————

La muerte es una señora muy elegante
Ninguna mujer pudo soportarlo.
A todas y a cada una les hablaba de ella.
Les contaba cómo la conocí,
las inesperadas visitas a mi vida
y, sobre todo, a la vida de los míos.
Su forma de presentarse,
a veces tan dulce y a veces tan fría.
Desde muy pequeño la conocía,
incluso llegó a mi vida
antes de saber de su existencia.

Primero, vino a conocer lenta y dolorosa
al hombre de mi vida, mi figura paterna.
Yo tenía nueve años de edad,
recuerdo hasta las fechas y brechas.
En esta ocasión, durante mucho tiempo,
ella fue sutilmente desgarradora
hasta que consiguió llevárselo.

Con el tiempo volvió y se fue llevando consigo
a tíos, amigos y conocidos.
Incluso le dio algún que otro aviso a mi creadora.
La lucha más intensa fue con mi gran madre,
a ella jamás pudo llevársela.

También recuerdo el día en el que, cabreada,
volvió vestida de puta violenta y se llevó,
de forma rápida e inesperada, a mi ángel portugués,
tras una puñalada en su delicado latir. Se la llevó.

Ninguna mujer pudo soportarlo.
A todas y a cada una les hablaba de ella.

Agapito, Paco, Lorenzo, Marcelino, Liseo, Esperanza, María,
Sergio, América, Gerardo, Silvia, Román, Manuel… y tantas otras estrellas
que conocí y ahora brillan en el firmamento.
D.E.P.

Definición de un hombre familiar sin familia
Un hombre familiar sin familia
es un muerto intentando vivir,
es un animal callejero y malherido.

Un hombre familiar sin el calor del hogar
es un árbol deshojado y enfermo,
es la pluma perdida por el viento.

Un hombre familiar sin familia
es el dolor de sus antepasados,
la sombra de su soledad.

Un hombre familiar sin familia
no es nada intentando serlo todo,
es la bengala que nadie ve.

Un hombre familiar sin familia
es una lágrima en el desierto,
el llanto del silencio.

Un hombre familiar sin familia
puede tener muchas definiciones,
pero ninguna le llena si no está con su familia.

Poema escrito en mayo de 2020 durante mi estancia
en Buenos Aires con el confinamiento obligatorio.
Aislado y lejos de mi familia.

Tengo ya **tantos muertos**
que el hecho de mi propia muerte me alivia.

———

LXVIII

No lloréis en mi muerte,
pues al final conseguí **la felicidad.**

III

DUELE DUELO

Poemas, cartas y escritos a mis muertos
(Y a mi duelo)

Prefiero pensar que mis muertos habitan **en mi corazón.**
El cielo está demasiado lejos.

No os escribo poemas porque estéis muertos,
sino porque fuisteis mis vivos.
Y ahora es mi única forma de amaros,
a través de la poesía.

Mi tristeza es un charco sin agua.

La humanidad se rige por el antes y el después de Cristo.
Yo me rijo por el antes y el después del 2019.
En este año gran parte de mi corazón fue aniquilado,
arrebatado y quemado como si fuera tierra de nadie,
tierra que no resurge.

Desde este año vivo con alegría,
con la alegría de ver a la dama de la guadaña algún día,
volver a ver a los míos, volver a sentirlos
y deciros a todos los que os quedáis aquí:

«Tranquilos, por fin soy feliz».

———————————————

Antecedentes
A los nueve años la vida me hizo el primer spoiler.
En una fría noche de noviembre
el último aliento de mi figura paterna se apagó.
Desde entonces, el sentido de la vida me cambió
y me convertí en mayor.

Con el tiempo, más luces conocidas se apagaban
y la vida no dejaba de ser una bombilla intermitente
entre el pasado y el presente.
Después de los veinte, de repente,
a mi ángel María se lo llevó la muerte,
otro inerte rostro más grabado en el cementerio
de mi memoria permanente.

Aun así, la vida me guardaba la sorpresa
menos deseada para antes de los veintisiete:
mi primo, amigo y hermano, Sergio,
se despidió de mí un once de diciembre,
sin ambos saber que este sería nuestro último encuentro,
después de cientos, miles, millones de momentos…
Nunca nos dijimos adiós.
«¡Nos volveremos a ver!», fue lo último que nos dijimos.

Mientras tanto, mi gran referente, mi figura materna,
mi América, se iba apagando lentamente.
Este fue el duelo más largo, pues la muerte
daba torpes pasitos de niño tras los años.
Se me juntaron los dos duelos más grandes de mi vida

en cuestión de meses, que parecían siglos,
y estos siglos pesaban más de lo debido.

Saqué fuerzas, no sé muy bien de dónde.
Me duraron poco, pues el pozo era hondo
y las recaídas constantes. Con esta edad,
mientras los demás, aparentemente,
disfrutaban de la juventud, ya la vida me preguntaba
si deseaba salir del juego.

Tras la cobardía del acto seguí respirando, comiendo
y viviendo en una gama de grises incandescentes.
Hui. Hui de mí mismo, de mi pasado.
Viajé a miles de kilómetros de todo lo vivido.

Fueron demasiados entierros,
no quería más muertes en toda una vida.
Ya me era suficiente.

Pero el pasado me perseguía.
Más bien estaba adherido,
pegado a mi piel.

Tiempo después, en la antesala de los treinta
ya había perdido a todos mis abuelos.
Cuando murió el último, fue como sentir caer
el último diente de leche, otra vez.

Notre Dame
Seis meses y diez días respectivamente.
Un día fuisteis hermano y madre.
Hoy sois mis ángeles, porque sin vuestro recuerdo
yo ya no podría vivir.

Soy parte de vosotros y vosotros sois parte de mí.
Pero si me arrancara ahora mismo el corazón
se vería una masa putrefacta llorando sangre negra.

¡Ya verás ahora para restaurar
esta quebrantada Notre Dame de mi pecho!

Os quiero eternamente.

———————————————————————

12 de junio de 2019

LXXIX

Me gusta dormir, porque sueño
que vuestras muertes aún no han ocurrido.
Despertar es otra cosa

____

Mis muertos son muy recientes,
y no son solamente uno.
Si maldices contra ellos,
posiblemente, sin querer, te mate.
Sentimiento tierno

Fueron demasiados entierros en muy poco tiempo.

Me fui lejos, muy lejos, lo suficientemente lejos
como para poner la distancia como excusa,
por si alguien se me volvía a morir.

———————————————————————

Escrito durante mi huida y estancia en Buenos Aires.

Qué el frío me congela en el devastador recuerdo
de la muerte de mi primo.
Qué el calor me desvanece en la lenta muerte
de mi abuela.
¡Qué Dios me diga cómo coño sobrevivo yo ahora!

Todo lo que echo de menos no respira.

El Viejo Testamento, el Nuevo
La Vieja Poesía, la Nueva

Desde que os fuisteis
la poesía que hay en mí está escarchada,
muerta en vida,
rebosante de rosas negras
con lutos diarios
y protegida en un reluciente ataúd de doble roble.

Mi poesía está quebrada,
abandonada a la deriva en busca de vuestros cuerpos.
Mi poesía ya no es una flor alegre y robusta,
más bien es la hipotenusa de todos mis mustios campos.

Delicada y vulnerable,
azul aterciopelada.
Sujetada a raíces secas,
a amor y desdicha
a dolor y gloria.
Envuelta en lágrimas creadoras que ahora llamo:

Mi nueva poesía.

No hay mañana que no piense en vosotros,
al igual que no hay noche
que no sueñe con **vuestros rostros.**

Sus fotos
Me fui lejos y no me traje sus fotos
pensando que así sería más fácil.
¡Iluso ingenuo de mí!,
pues sus fotos están en mi memoria constante.

Escrito durante mi huida y estancia en Buenos Aires.

Esperanza
Desde que os fuisteis
duermo con la esperanza de volver
a veros en sueños.

Desde que os fuisteis
vivo con la esperanza de morir para volver
a veros en un más allá.

Soñar que tus muertos resucitan
es **el sueño de cada noche.**

En todo duelo llegas a un punto en que ya,
aunque te parezca increíble,
no lloras por tus muertos.
A partir de ese punto todo duele más,
aunque también parezca increíble.
Dolor seco

Soy un afortunado
Al otro lado de la vida me esperan eternamente.

Fe
Yo no sé si moriré mañana o cuando tenga noventa años,
pero sí sé que lo último que veré serán sus caras.
Y espero que también sea lo primero que me reciba.

Parece duelo

Parece mentira que hablemos de vosotros
en pasado cuando hace apenas dos lunas
reíamos juntos al son de la vida.

Parece cuento que vuestras ánimas
residan en cada uno de nosotros
y ya no junto a nosotros.

Parece insoportable asimilar
no volver a ver esos ojos,
rozar esa fina piel
o bromear con vuestro humor.

Parece increíble pensar en no volver
a vernos en toda una vida.

Al parecer, perece cada bonito recuerdo
inundado por las lágrimas del tiempo.

Parece un mal sueño, una gran mentira.

Una mentira que parece que hay que aceptar.

Preocupación innecesaria
Cada vez que llueve pienso en vuestra tumba.

Seguridad segura
Que ellos se llevaron mis mayores secretos a la tumba,
de esto estoy seguro.

Que la lealtad me corre por las venas
y que ellos fueron mis mayores maestros,
de esto también estoy seguro.

Doble Duelo
Andar por el barrio y no verte.
Andar por casa y no encontrarte.
Mi duelo es doble y no se lo deseo a nadie.

Primo y yaya
Dos palabras que, por simples que parezcan,
no volveré a pronunciar jamás.

Quemaría **todos los calendarios** del mundo
simplemente por olvidar algunas fechas.

Si **después de esta vida** no hay nada más,
jamás entenderé de qué sirvió la gran espera
para volver a veros.

Duelo: aprender a amar sin tener.

SERGIO GARCÍA LOBO
17/9/1992 - 12/12/2018

Hoy el cielo llora tu partida,
porque sabe que te has quedado en nuestros corazones.

12/12/2018

Yo, el principio del verano. Tú, el final.
Yo, tan llanto. Tú, tan risa.
Yo, el pensador. Tú, el lanzado.
Yo, el solitario. Tú, el amigable.
Yo, tan fuego pasional. Tú, tan fuego espectacular.
Yo, ojos tierra profunda. Tú, ojos cielo despejado.
Yo, tan de tés. Tú, tan de cerveza.
Yo, con mis yoes. Tú, con tus yoyos.
Yo, con mis frases. Tú, con tus malabares.
Yo, tan de esto. Tú, tan de aquello.

Juntos éramos el verano perfecto,
el mejor arco iris en cada rostro.
Éramos la mezcla casi imperfecta de lo mejorcito.
Éramos los incendios que prendíamos
cada uno con nuestros fuegos.
Y éramos tan distintos como el cielo y la tierra,
pero éramos tan…

Yo, tan de esto. Tú, tan de aquello.

C

«¡Cómo te mueras te mato!»,
le dije entre serias bromas.

Tiempo después, la noticia de su muerte
fue lo que me mató a mí.

Cómo coño se asume el **perfume de tu ausencia.**

Tu olor
Tu olor era…
¡Perdón! Es…

Aún continúa impregnado en algunos lugares,
en tu habitación, en mi memoria…

Tu olor es de color risa,
es el calor que te invita a quedarte
y uno, cómodamente, se queda.

Es un tanto fuego y otro tanto viento.

Tu olor es imperecedero.

———————————————————————

Impotencia
Si mi primo no hubiera muerto,
sino que le hubieran matado,
bien sé yo que hubiera degollado a los asesinos.

Pero como a mi primo le mató la muerte
no sé qué coño hacer.

Cansado
Fui a todos tus cumpleaños.
También a tu entierro.
Ya es suficiente.

CVI

Quedarme como un idiota
mirando **la puerta de tu habitación**,
soñando que estás dentro...

Nueve meses
La conmoción de tu partida
aún sigue partida en trozos dentro de mí.
Te prometo juntar todos estos trozos
y convertirlos en mis mejores sonrisas.

Poco   a   poco.
Trozo   a   trozo.

Gritos silenciosos
Grito a todos los dioses y diosas desde mi interior.
Cada noche estás de regreso en sueños.
Grito y hasta susurro:

«¡Reaparece en carne y hueso,
que en alma y espíritu duele mucho sentirte!».

Grito a los dioses de la guerra,
a los dioses de todas las religiones,
a los dioses del amor,
a los dioses y diosas.
Grito desde mi interior.

A veces te miro y todavía se me hace extraño
saber que todas tus fotos son pasado,
incluso las que encuentro nuevas.

Saber que ya no habrá un futuro entre nosotros
es el peor de los saberes, sobre todo
porque no sabe más que a dolor áspero,
hueco y sin fondo.

A veces te miro y pienso qué clase de hombre
hubieras sido si siguieras vivo.
Pasan los días, los meses, los años
y la vida cada vez me es más parecida
a *La vida de Brian*.

Te miro de nuevo
y el cristal refleja mi rostro silvestre.
Me gustaría saber qué me dirías tú
si me vieras con estos pelos y estas barbas
(aunque me lo puedo imaginar).
Si me reconocerías por los ojos
o simplemente sacarías a pasear tu vacile.

Miro las fotos en las que salimos juntos,
te observo en ellas, y parecen de años luz
o incluso de una vida atrás.
¡Qué marchita esta sensación!
Una sensación que envejece más de lo debido.

Estos versos siguen sangrando lágrimas
cada vez que te miro.
Y quizás sea mejor no mirarte,
pero hay algo que me hace seguir haciéndolo.

¡No se puede subestimar el recuerdo
de quien fue tanto para ti
y la muerte le nació antes de tiempo!
¡No se puede!

Bien sé, aunque disimule, que tu recuerdo
estará vivo en mí hasta nuestro nuevo encuentro.
Mientras tanto, miro tus fotos evitando lo inevitable:
Mirarte.

Putada
Putada es darse cuenta de lo mucho que te quería
después de irte de este mundo.

Elegía
¡Ay, primo, primito!
¡Cómo duele esta pena tan grande!
Rocosa, boscosa y profunda.

¡Ay, primo, primito!
Que intento sonreír con el humor que me enseñaste
y no me sale.

¡Ay, primo, primito!
Que te busco en todos los lugares,
en todos los bares
y en todos los mares.

¡Ay, primo, primito!
Reaparece pronto o pronto me ahogo.

Días y noches
Los días han pasado de una forma extraña
y espesa desde tu partida.
Días fríos, insípidos y grises.

Las noches no fueron muy diferentes.
Más oscuras de lo habitual,
más perturbadoras y densas,
pero, al menos, aparecías en mis sueños.

Tú y yo sobre esa nube
Me gustaría que nos sentáramos sobre una nube
y que hablemos en serio.

Me gustaría tratar esos temas que dejamos a medias.
Responder a lo que nunca nos atrevimos a preguntarnos.

Me gustaría decirte te quiero y sentirte una vez más,
aunque luego quiera otra más.

Como siempre, me gustaría hacer magia como tú
y poder hacer desaparecer estas líneas.

Me gustaría que nos sentáramos sobre esa nube
y, por fin, hablar en serio para terminar riendo.

————————————————————————

Lo bueno que tiene el tiempo es que pasa demasiado deprisa.

Lo malo que tiene el tiempo es que pasa demasiado deprisa.

Hace casi un año que tu cuerpo
se lo tragó la tierra.
Casi un año desde que tu recuerdo florece
día a día, latir a latir, en mi pecho.
Casi un año resonando tu nombre
y tu voz en mi cabeza.
Casi un año intentando asimilar una nueva
y desagradable realidad.
Casi un año buscándote
en todos los rincones de Aranda,
en todas las celestes miradas.

¿Casi un año ya?

Si esto sigue girando así de deprisa,
tarde o temprano sonreiré al volvernos a ver,
a abrazar, a sentir, a reír…

Tarde o temprano, **los gladiadores de esta vida**
nos juntaremos en la gloria divina.

Te sigo queriendo.
Diez meses y sigue siendo extraño seguir extrañándote.

Después de *La Guerra de un Poeta*
Ando de nuevo por las calles arandinas,
llamado ahora «poeta»
¡Cómo si esto de la poesía fuese nuevo para mí!

Me paran, me felicitan, me elogian,
y yo...
Yo solamente sigo esperando volver
a cruzarme contigo en cualquiera de estas calles
para que tú me digas:

«¿Echamos un café?»

El libro "La Guerra de un Poeta" *salió a la luz
el 12 de diciembre de 2018, el mismo día en que Sergio falleció.*

En **cada rincón de Aranda**
tengo un recuerdo contigo,
y esto ahora duele.
Pero, aunque este dolor sea tormentoso,
preferiría quemar todo el pueblo
a nuestro recuerdo.

Hoy hace justamente **un año**
que vi por última vez
relucir tus ojos.
Nuestra última conversación,
nuestro último contacto…

Ha pasado todo **un año**
y todavía no sé si agradecer a la vida
ese fortuito e inesperado encuentro
o maldecirla porque aún era demasiado pronto
para que fuera el último.

———————————————————————

11 de diciembre de 2019

El momento de tu partida

Ha pasado un año
y sigo en la negociación de tu injusta partida.

Creo estar llegando a la aceptación
cuando, de repente, mi cuerpo tiembla
el nítido y terrible recuerdo del shock.

Mis huesos quebrándose por mis gritos,
mis latidos queriendo escapar de mi pecho,
mis labios contra el suelo inundando mi rostro
con tsunamis procedentes del caudal de mis ojos,
mi voz en los profundos sollozos de rabia
e incomprensión de fondo para después,
de un eterno tiempo, dejarme arrastrar sin fuerza
por las olas hacia una nueva
y desagradable realidad.
Tu repentina partida.

Ese devastador recuerdo vive en mí
y mi piel estalla hasta que mi mente lo acalla.

———————————————————————

Sigo débil haciéndome fuerte.
Maldito 12 de diciembre de 2018.

¿Cuánto tiempo es necesario para asumir **tu ausencia**?

Posiblemente, toda una vida.

365 días

Carta de 12 de diciembre de 2019

Hace azul como tus ojos
hará azul como la bandera de Argentina.

Hace un año que mantuvimos la última conversación,
causalmente el último día de tu vida.
Hace ya un año que nos dimos el último abrazo,
sin saber que sería el último, y en el que ahora
te abrazaría para no soltarte jamás.
Hace casi medio año que quiero preguntarte
cómo demonios hacías para secar todas tus rastas
después de la ducha, si yo con una sola tuya
me eternizo en una maravillosa eternidad.

Hace tan solo un segundo que te recuerdo
y en los últimos 365 días no recuerdo haberte olvidado
ni tan solo un segundo.
Pero ya creo volver a creer que vuelvo a empezar
que acepto que te has ido.
Ahora, después de todo un año.

Las lágrimas son cada vez más secas,
el dolor más rocoso y mi alma erosionada
por el tsunami de tu partida
aún sigue latente en el intento de transformar
este dolor en a(hu)mor.

Dentro de un mes volaré a la otra punta del globo,
no para empezar de nuevo, no para olvidarte,
ni olvidaros.
Dentro de un mes dejaré de verte y buscarte
por todos los rincones de Aranda
para imaginarte en cualquier tasca argentina,
en cualquier futbolín y en todos los malabares
que allí vuelen.
Dentro de un mes iré a la otra punta del mundo
para enseñar lo mucho que me enseñaste
y para contar mil y una historias junto a ti.
Tu nombre y tu rasta serán llevados
allá por donde pise.
Dentro de un mes me alejaré miles de kilómetros
de la tumba que te arropa, que tanto visito
y que tanto ansío que no existiera.
Pero jamás dejaré de hablar de ti,
de sonreír contigo dentro de mí,
de escribirte y revivirte,
de recordarte en la espuma de la cerveza,
en el fuego, en el azul, en la risa
y en un millón de lugares más
que juntos conocimos.

No me voy para empezar de cero.
Me voy para empezar de uno.
Vaya donde vaya, vaya como vaya,
siempre me llevaré a los que se me fueron.

Él fue el más adelantado de la clase.
Pasó la última prueba de la vida.
Morir

Opciones
Hoy, a un día de marcar un mes más
en el calendario de tu partida,
una persona que nos conocía me preguntó por ti.
La conversación empezó por chat,
pues hacía mucho que no hablábamos
y como ahora vivimos en las casas
dijimos que podíamos hacer videollamada.
Ella empezó a mencionar recuerdos de nosotros,
de ti y de mí,
de que siempre estábamos juntos por todos lados.
Después, me preguntó por ti.
Afirmaba que llevaba mucho sin saber nada.

Me hubiera gustado poder decirle cualquier opción:

Opción A:
«Hace mucho que no sé de él, pero sé que está bien».

Opción B:
«Justamente acabo de hablar con él y también está en
casa aislado por el virus».

Opción C:
«Hace clown y visita a los peques en hospitales».

Opción D:
«Está trabajando en una residencia y se ha independizado».

Cualquiera de estas opciones
y de un trillón de posibilidades más
me hubiera encantado decirle.
Pero no, tuve que decirle la peor opción,
la más lejana, la que no entraría
ni como posibilidad remota.

Opción real:
«Sergio falleció el 12 de diciembre de 2018».

———————————————————

Rarezas de un doce

Qué raro es que alguien que nos conocía de pequeños
me pregunte hoy por ti, después de tantísimo tiempo.

Qué raro me es tener que decir que te fuiste.

Qué raro el envejecimiento de las fotografías.

Qué raro sigue siendo todo desde que la bala
que anunciaba tu partida
me atravesó para siempre en dos.

Qué raro es que ahora seamos nosotros
los que tengamos la cicatriz en el pecho.

Qué raro.

Año y medio
¡Qué pequeño es el tiempo y qué inmenso este dolor!

Tu rasta, colgando de mi cabeza tras los años
y todavía siento tus cosquillas haciéndome reír.

Dos años

Visitar tu tumba no es lo mismo, el tiempo se ha vuelto desaborido.
A veces, incluso, respiro por obligación más que por, a la vida, deber devoción.

Reír, desde entonces, se ha convertido en un extraño presagio,
que nunca llega,
una sensación anómala para mi cristalino rostro.

El caudal de mi llanto, transformado de nuevo en desierto,
aún necesita de alguna que otra tormenta.

Dicen que con el tiempo el amor crece y el dolor disminuye,
pero hoy son dos años sin ver esos ojos océano y
parece que el vacío nunca concluye.

____

12/12/20

Ya no me duelen los huesos, primo.
Ahora tan solo **me arde el pecho**.

Burla a la muerte
Durante mucho tiempo fuimos inseparables.
En algunos tiempos breves, distancia y vida nos separó,
dejando un invisible hilo rojo y azul
unido a nuestros corazones.

Nos vimos, nos tocamos, hablamos un último día,
pensando la muy estúpida que después de tanto
iba a ser nuestro último momento.

Paradójicamente, ni la muerte ha podido separarnos.

———————————————————————

¡¿Cómo decir al resto de mortales
que **nuestro último abrazo** fue después de tu muerte?!

Veo Veo

¿Qué ves?
¡Te veo a ti!

Te veo en cada mirada de amigos en común.
Te veo en cada rincón de Aranda,
en cada rincón de mi mente.
Te veo observándome y cuidándome
en el borde de mi cama.
Te veo en cada sonrisa, en cada lucha.
Te veo en cada Sergio nuevo que conozco.
Te veo en las narices de todos los payasos del mundo.
Te veo en cada rasta.
Te veo en los ojos azules del mundo.
Te veo en las alergias, en las alegrías,
en la espuma de la cerveza, en cada chiste.
Te veo en los muñecos de futbolín,
en los bares, en malabares, en amaneceres,
en las canchas de básket, en el polvo, en las gramíneas.
Te veo riéndote de mí en cada nueva estupidez
que vuelvo a cometer.
Te veo en el Mercadona. Te veo en la Steinburg.
Te veo en canciones. Te veo en el fuego.
Te veo volar junto a los fénix.
Te veo por el puente.
Te veo en las estrellas, en la luna.
Te veo en el espejo. Te veo en mi apellido.
Te veo en los lobos.
Te veo en las setas, en la naturaleza.

Te veo en la paz, en la risa,
en la brisa, en las risas.
Te veo en mis sueños. Te veo en mi corazón.
Te veo cada santo día. Te veo y te vuelvo a ver
en tu perfil de Facebook.
Te veo en cada septiembre.
Te veo en los pies. Te veo en la calle Cervantes.
Te veo en Harry Potter, en la magia.
Te veo en cada cicatriz.
Te veo en los disfraces de carnavales
y en los de San Queremos.
Te veo en infinitas conversaciones telefónicas.
Te veo y hasta te oigo.

Te veo a ti,
porque estás muy vivo en mí.

———————————————————————

Si mis palabras sirvieran para **resucitarte**,
me desgarraría los dedos escribiéndolas.

¡¿Qué contarte?!
¡¿Qué nuestras madres ya tienen la edad
de nuestras abuelas cuando nosotros éramos niños?!
¡¿Qué pasan los días, las semanas, los meses, los años
y qué aquí se sigue necesitando tu humor?!
¡¿Qué se te sigue echando de menos en cada rincón?!
¡¿Qué imagino nuestro encuentro cada día?!
¡¿Qué duelen estos versos vástagos?!
¡¿Qué arrastro tu rasta por los siglos de los siglos?!
¡¿Qué añoro tus ojos?!
¡¿Qué aún salpican de vez en cuando mis lágrimas?!
¡¿Qué el vacío sigue tal cual lo dejaste?!
¡¿Qué, aunque parezca increíble, tu habitación
sigue oliendo a ti?!
¡¿Qué los balones de baloncesto ya no quieren votar?!
¡¿Qué siento un luto universal?!
¡Y qué, como bien sabías, aun así, el humor ha de brotar!

Steinburglife
Steinburglife es la marca del humor asegurado,
es el recuerdo de unos ojos azules
que atraviesan cielos y océanos,
es la esencia del buenrollismo.

Steinburglife no solo la puedes adquirir
en supermercados, ahora permanece brillando
en el corazón de muchos.

Steinburglife es la huella en forma de sonrisa
que nos dice:

«Si yo tiré hacia adelante, tú también puedes».

———————————————

Ir a tu tumba
y darte todos los escritos que nunca te di.
Tiempo perdido

____

Mi gran maestro del humor
Las palabras se han desintegrado en el dolor.
El dolor en proceso de desintegrarse en tu recuerdo.
Y tu recuerdo…

Tu recuerdo es la risa más valiosa de mi interior.
Nadie me enseñó a reírme tanto de la vida como tú.
Mi gran maestro del humor.
Gracias.

____

*Espero que todos estos escritos y versos sirvan, al menos,
para aliviar el dolor de la pérdida de todas las personas
que queríamos y queremos a*

**Sergio García Lobo
Steinburglife**

AMÉRICA SUÁREZ ÁLVAREZ
28/5/1930 – 2/6/2019

Cómo explicar a los ángeles que necesito tu mirada
más que el aire para respirar.

ANTES DE IRTE

Cada día te amo más y más,
y el día que no estés este amor se expandirá.

Jamás quiero olvidar
Parte II
Jamás quiero olvidar ese viaje
en aquel Mondeo del 98 que pude comprar
tras noches y noches de peón de fábrica.
Hicimos cientos de kilómetros
para llevarte a una playa y meterte,
a contracorriente de la arena,
con tu silla de ruedas,
para así poder alcanzar la brisa
y que esta acaricie tu rostro
y que tus ojos vean
la inmensidad del mar de nuevo
o, quizás, por última vez.
Jamás quiero olvidar cuando me levanté
a las tres de la madrugada,
salí de casa como un fugitivo y trepé paredes
y tejados para robar todas las rosas posibles
en aquella rosaleda.
Todas para tu ochenta y cuatro cumpleaños.
Todo para que amanecieras como mereces,
rodeada de rosas.
Jamás quiero olvidar tatuarme la rosa eterna,
formada en tallo y raíz por tu grandioso nombre:
América.
Todas las cosas que hice jamás las olvidaré,
pero por si acaso las escribo.

Sus palabras
«Tú no tengas pena por mí.
Cuando tenga que llegar la hora llegará».

Las palabras son duras, pero la imagen ni te imaginas.

A mí me lo enseñó una mujer

Cuando ves vulnerable a la mujer
que te enseñó a ser fuerte.

Cuando ves decaída a la mujer
que te enseñó qué era la alegría.

Cuando ves sin memoria a la mujer
que te enseñó a sumar.

Cuando ves la caída del Imperio
que te construyó.

Cuando das de comer a la mujer
que te dio tus primeras papillas.

Cuando ves moribunda a la mujer
que te enseñó a vivir…

Es aquí cuando la vida, en femenino,
te da más lecciones.

Maldiciendo

Maldigo a los dioses por este veneno
que cada día acarrean mis vistas,
por este tormento que azota mis noches.

Maldigo a los dioses y diosas de este efímero
y falso Olimpo por quitar la vida en vida
a mi amada, siendo esta más que octogenaria.

Mujer fuerte e independiente arrasada
por el fugaz viento del tiempo.

Maldigo por verte sentada
en esta torpe silla de ruedas
con aspecto momificado,
babeando con una mirada perdida.

Mujer de palabra noble y luz de alegría,
ahora fundida.

———————————————————————————

Te estás apagando lentamente
como las **grandes estrellas.**

CXLIX

Incluso **tu pulso** débil es fuerte.

Ni mu
Mi abuelita ya no dice ni mu.
La visten, la manipulan, la drogan,
pero ella ya no dice ni mu.

Enorme guerrera, jefa de tribus,
carácter disciplinario, titánide de dioses y diosas,
pero ahora ya no dice ni mu.

La primera vez que pasé
una noche a tu lado en un hospital
no me había salido ni pelusa en el rostro.

Ahora que sigo aquí contigo, tengo la cara poblada.

Todo este **pasaje** ya no me lo quita ni Dios.

———————————————————————

La luz de tu mirada se apaga.
La de mi corazón también.
Su pelo es telaraña.
Su cuerpo es mueble viejo.
Sus huesos son tuberías oxidadas.
Sus órganos son instrumentos cansados.
Su respiración cada vez es más agonizante
y menos armónica.
Su mirada son faros intermitentes.
Sus palabras son duros suspiros entre ventiscas.
La luz de tu mirada se apaga.
La de mi corazón también.

---

*Lo único que tenía intacto después de casi noventa años de vida
era su amor, el amor que seguía transmitiendo.*

Últimamente hago mucha **meditación**.
Estoy totalmente concentrado en tu respiración.
En el momento en que esta se acabe,
no sé si despertaré o moriré.

Consumiéndote
Me cuesta recordarte tal y como eras
hace tan solo un par de años.
Observo fotos, pero la imagen actual
dice que ya no eres la misma.
La muerte va consumiéndote poco a poco
como si la debieras alguna vida.

Te apagas y me apago. ¡No quiero que así sea!
Pero nuestra llama tenía demasiado combustible
oxigenando durante una vida entera.

¡Vida, vida, vida…!
Todas temen a la muerte como si eso fuese
lo peor que pueda pasarte en vida.

La muerte viene sosegada, hambrienta
de algún castigo que quiere cobrarse lentamente,
a bocanadas de humo denso,
como el recuerdo que en mí quedará.
Denso peso que sobre mí marcará.
Quiero borrar estas líneas infectadas de dolor,
pero mis falanges me lo impiden.
No soy dueño de ellas como tampoco lo soy
de lo que siento al verte marchitar
día tras día, hora tras hora,
respiración tras respiración,
sin saber cuál va a ser la última,
pero sabiendo que puede ser cualquiera.

¡Qué imagen!
Una hermana octogenaria despidiéndose como nunca antes
de su otra hermana, aún más octogenaria.

Tú me miras con esos ojitos agonizantes
y yo te sonrió entre lágrimas.

Eres **mi mayor tesoro** y algún día cruzaré esta vida
con la simple esperanza de reencontrarte.

Poco antes de morir,
cuando aún tenía algo de fuerza
para pronunciar una palabra completa,
mi abuela, como quien mira algo por primera vez
o por última, que viene a ser lo mismo,
me miró y, por última vez, me dijo:
«Guapo».

Jamás ninguna mujer
me había conquistado con tan poco.

———————————

Dieciocho meses de atardeceres
Los atardeceres a su lado
eran de los mejores atardeceres jamás vistos
por la especie humana.
Se observaban a través de un gran ventanal
dirección al horizonte.
Cielos pincelados,
a veces de amarillo chillón,
otras de rosa flor.
Todo el espectáculo celeste se veía
desde aquel insípido geriátrico.

Crepúsculos inolvidables
en una fría habitación
junto a una de las mejores compañías
que jamás tuve, mi abuela,
la mujer que tanto me enseñó en la vida,
la mujer que hizo de supermadre,
la mujer por la que daría toda mi vida.

Su vida se iba desvaneciendo
como cada ocaso;
aun así, decidí pintar cada nuevo día que moría y hacerlo
hermoso.

Cuando veas consumiéndose a la persona
que te vio nacer, que te crío,
que gran parte de lo que eres es por esa persona. Cuan-
do la veas consumiéndose
te vas a llenar de rabia, dolor e impotencia.

Cuando sus ojos dejen de iluminar,
cuando su lengua ya no pueda articular,
cuando sus órganos dejen de funcionar,
sentirás un holocausto en tu interior.

Cuando esto ocurra, recuerda que lo único,
lo único que puedes ofrecer a esa persona
que te vio nacer, que te crío,
que gran parte de lo que eres es por esa persona,
recuerda que lo único que puedes ofrecerle es
amor.

Nada más y nada menos que amor

No te creas todo lo que te digan
Mi abuela fue la abuela, la madre,
la hermana, la amiga, la maestra, el amor.
Nuestro vínculo fue recíproco, único,
fuerte, transcendental.
Ella me vio nacer, yo me juré verla morir.
Ella me crio de pequeño, yo la cuidé de mayor.

Me juré verla morir…
Lo que no sabía es que su muerte
iba a durar dieciocho meses,
con sus respectivas noches
y sus respectivos días.
Sin sumar a todo esto los graves sustos
que su salud nos dio años anteriores,
que incrementaban el miedo
y la seguridad de la muerte
o, lo que es lo mismo,
la inseguridad de la vida.
Me juré verla morir…

Durante esos dieciocho meses
yo ya sabía que el final se acercaba,
pues cada día que pasaba de su nueva vejez
parecía un lustro.

Los médicos nos avisaban.
Tictac.
Ella se deterioraba.
Tictac.

Cerraba el ciclo de la vida
convirtiéndose de nuevo en bebé,
pero transcurriendo acontecimientos
realmente escalofriantes.

Dieciocho meses.
Cada día más oscuro.
Cada día menos aire.

Durante su última semana de vida
yo no me separé de ella.
En cualquier momento la vida dejaba de latir
y yo me juré estar con ella en su momento de partir.
Mi abuela se aferraba tanto a la vida
que los médicos se sorprendían de su fortaleza
y la supuesta última semana se convirtió en semanas.

Llegada la última noche,
una de las noches más largas y raras de mi vida,
los médicos nos volvían a avisar
de que el ritmo cardíaco era muy leve.
Esa noche de principios de junio
sería su última noche,
nuestra última noche, juntos.

No me separé de ella
a pesar de lo que pude vivir y presenciar
encerrado en aquel geriátrico,
a pesar de querer salir corriendo,
a pesar de los pesares,
ahí me quedé, mano a mano,
esperando juntos a la señora de pelo blanco.

La mañana siguiente,
observando cómo lentamente ese cuerpo
ya era casi inerte,
se fue sin hacer el menor ruido.
Yo, alertado por los cambios biológicos propios
de un cuerpo que acaba de vaciarse por completo
llamé rápido al médico.

Cuando llegó,
le auscultó el pecho y me dijo:
«No hay ritmo».

Y yo le contesté:
«¿Está seguro?».

—————————————————————

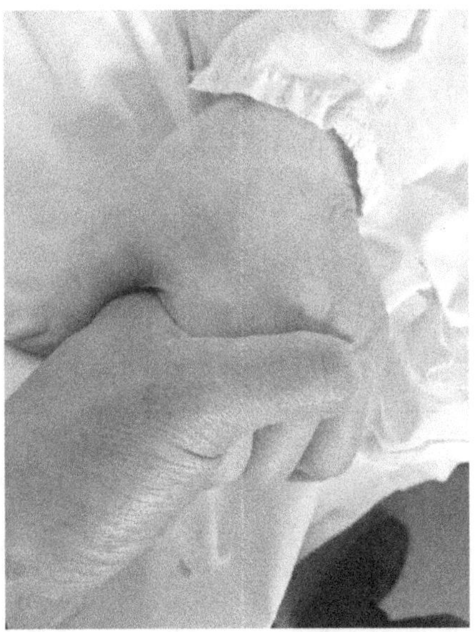

Tenía **tu pulso** en mi mano cuando tu vida se apagó.

¡Qué Dios te ponga **un palco**
mirando a los humanos por todo lo soportado!

DESPUÉS DE IRTE

Ponerle fecha a tu muerte me llevó veintiséis años.
Asumir el hecho de que ya te llegó
me llevará toda una vida.

____

2 de junio de 2019

Y el **pulso** de tu larga vida se desvaneció
entre mis jóvenes manos.

Para despedirme de ti te di tantos besos
como estrellas hay en el firmamento.
Aun así, **el universo se me quedó pequeño**.

¿Obsesión o amor?
Siempre tan pendiente de tu respiración
que cuando dejaste de hacerlo aún te veía respirar.

América, mi patria
Ella era mi patria. Su sonrisa mi bandera.
Mientras ella moría, yo me ahogaba,
y este hundimiento fue titánico.
Sobreviví, no sé muy bien cómo, pero sobreviví.

Ahora soy un náufrago en exilio
por imposibilidad de repatriación.

Cosechando malvas, criando hierbas.
Rico en recuerdos, pobre en monedas.

De vez en cuando como, cuando no se me olvida
pensando en mi querida patria.

No hay noche a la deriva en la que no sueñe con ella,
con su mirada, con su piel, con sus palabras.

Ella era mi patria.
Yo solamente soy un reciente huérfano de mi patria,
un patriota exiliado.

Cuando me preguntan de dónde soy
no sé a qué parte del cielo señalar,
así que apoyo mi mano en el pecho por mi patria,
América.

Hasta hace poco moría cada día al ver cómo tu mirada,
lentamente, se apagaba.

Ahora que, definitivamente, se apagó, me siento muerto,
muy muerto.

El perdón de Dios
Hoy, dos meses que me quedé
al 95 % huérfano.
Hoy, dos meses que la vida
me terminó de mutilar
todas mis extremidades,
pues ya no sé acariciar otra piel
que no sea la tuya.
Hoy, dos meses en los que vivo muriendo,
esperando con ansia volver a veros.
Hoy, dos meses y casi ocho en los que
mi dolor no cabe en este pecho.

Y ya, a estas alturas,
no aceptaría ni el perdón de Dios.

____

Aurelia

Verano 2019

Aurelia es la hermana mayor de mi abuela.
Tiene casi los noventa y tres añitos,
y alberga una salud de oro,
que es mejor que la de hierro,
ya que no se oxida.

Fue una de las primeras personas en darme
techo y comida en mis primeras apariciones
por la capital española.
Hacía casi dos años que no la veía.
Hasta esta mañana que nos hicimos,
mi madre y yo, casi trescientos kilómetros
para pasar la mañana con ella.

Mientras nos contaba increíbles historias
de la juventud junto a su hermana América,
yo no dejaba de ver en sus ojos los ojos de mi abuela.

La sabiduría reside en los ojos de quien
vivió y aprendió.

Tres meses sin verte
Jamás estuve tanto tiempo sin tu sonrisa,
sin tu fuerza, sin tu mirada…
Este dolor crece inmensurable, arde dentro de mí
como un enorme incendio forestal,
quebrantando todo un bosque.

Perdí a la madre de mi vida
y **ya nada tiene sabor.**
Ni escribir, ni acariciar,
ni actuar ya son lo mismo.

¡Qué Dios me salve para recuperar el brío!

———————————————————————

Pragmático
Podría decir que mi alma
no puede estar más tiempo alejada de la tuya,
que necesito tu calor, tu risa, tus besos…

Podría decir que el mundo, mi mundo,
se ha quedado frío, vacío y desangelado.

Que mi corazón se ve marchito.

Pero voy a ser pragmático y voy a decir
«que mi cerebro no puede estar más sin verte».

Aún recuerdo los tiempos en los que me quejaba
porque tenías que utilizar **silla de ruedas.**
Ahora me quejo porque ya
no la vas a tener que utilizar más.

Un mes más, una flor más
Y a quién confieso yo
que sigo haciendo cosas por ti después de tu partida
si no son a estos escritos.
Y a quién grito yo
el hoyo hondo e infinito que tengo
en el centro de mi pecho.
Y a quién lloro yo
si no es al papel inacabado que relleno
con estas migas de palabras.

Un mes más, una flor más.

Intento regárteme.
Procuro hacerlo bien, desconociendo
la moralidad de después de la vida.
Pataleo sin aliento porque, joder,
te echo mucho de menos.
Voy, vengo.
Hago y deshago.
Sigo viéndote en casa, necesito verte.
Por eso… voy hoy,
un mes más,
a darte una flor más,
porque te quiero, aunque ya no estás.

Contigo

Contigo no había ni una sola discusión.
Contigo todo era sencillo,
aunque la vida se pusiera difícil.
Contigo todo era alegre,
aunque la vida nos dejase mudos y ciegos.

Cada día te echo más y más de menos.

Once meses

Once meses buscándote entre submundos.
Once meses luchando sin ti.
Once meses y todavía siento dolores nuevos
en el fondo de mi alma.
Once meses desde que algunos sueños
se convirtieron en pesadillas.
Once meses desde que perdí la sonrisa
más fuerte de mi vida.
Once meses sin ver tus manitas
de niña envejecida.
Once meses desde que se fue la luz de mi vida.

Tarta sin velas

28 de mayo

¿Cómo es esto de celebrar tu cumpleaños sin ti?
¿Cómo es esto de celebrarlo tan solo en mí?
¿Cómo cubro el vacío que antes llenaba una tarta?
¿Dónde está el calor de las velas?
¿Cómo sentirte al besarte
si el papel de la fotografía es frío?
¿Cómo abrazarte ahora si el aire hace daño?
¿Cómo hacerlo?
Mejor dicho, ¡¿cómo no hacerlo?!

Un año y **el dolor no disminuye** ni un grado.

América, han conocido tu nombre
y lo que eres para mí hasta en América.
Pero por mucha América que ahora pise,
jamás me sentiré como cuando estaba entre sus brazos.

Mi real América.
Mi gran sueño de volver a sentirte.

Escrito durante mi huida y estancia en Buenos Aires.

Con el tiempo
El duelo con el tiempo se va haciendo costra,
se va sumergiendo dentro de la piel.
Con el tiempo, al menos, ya no se solloza
en cada rincón de la casa.
Pero también, con el tiempo, sigue doliendo
casi tanto como el primer día.

———————————————————

Confusión, colisión y erosión de mi ser
De vez en cuando florece un agridulce dolor,
tan agrio que desearías el fin del mundo sin temor,
tan dulce como tus lágrimas rogando amor.

«Quien come y baila un sentido le falta»,
me decía siempre mi abuela.

Ahora, cada vez que como y suena música,
automáticamente bailo,
porque me falta mi mayor sentir:

Ella.

———————————————————————————

Lágrimas
Cerré tus ojos congelados cuando la muerte se te llevó.
Abracé y besé tu cuerpo inerte.
Contemplé durante infinitas horas
tu hermoso cadáver.
Me despedí de alma a alma
y con el alma temblando.

Ahora, en la profundidad de la noche,
en este vacío donde ni siquiera existe
lo ya mencionado,
me despierto para escribirte:

Qué prefería mis vivos textos.
Qué si los muertos no existieran
no se les echaría de menos.
Qué te busco cada cuarto de hora.
Qué tu cuarto ahora está triste.
Qué mi ánima sólida tiene grietas irreparables.
Qué fuiste toda una gran madre.
Qué ansío verte en cada sueño.
Qué a veces creo que todo fue una pesadilla.
Qué miro y ya no estás.
Qué llevo meses asimilando que no volveré a sentir tu suave
piel en toda una vida,
y eso se me hace demasiado largo.
Qué me esfuerzo en vivir con la alegría
que tú me entregaste.
Qué podría escribirte hasta desgastarme.

Qué mis recuerdos contigo son diamantes.
Qué ya no tengo miedo y que todo sea bienvenido.
Qué sigo luchando cual guerrero.
Y que ojalá te vuelva a ver en mi último vuelo.

Quizás sea **un fantasma es busca de tus besos.**

Silencio
Tengo fotos tuyas por toda la habitación.
Los expertos me recomiendan quitarlas
para poder avanzar.

Yo les pregunto cuántos amores han visto morir.
Cuando me contestan que ninguno,
les hago un gesto para que guarden silencio.

____

Busqué **el cielo** entre tus manos,
ahora busco tus manos entre el cielo.

Qué sabrán de perder una madre.
Qué sabrán de perder un amor.

Momento del duelo: Rabia

Siempre he pensado que eras **inmortal**.
Ahora que te has ido, sé que lo eres.

Eras el claro ejemplo de:
«**Mientras hay vida hay esperanza**».

Releer estas líneas después de más de un año
y **el corazón** bombea su ritmo al precipicio de la vida.

Te quiero, por siempre.

La espiral de la vida
Yo nací y ella me cuidó.
Ella envejeció y yo la cuidé.

Finalmente, ella enfermó gravemente
y yo, no tan gravemente, también enfermé.

Ella murió para poder volver a cuidarme.

No hay fin.
Es un ciclo o una espiral,
algo todavía sin descifrar.

Es increíble la capacidad del ser humano
para seguir sonriendo después de tantísimas lágrimas.
Es increíble su capacidad de seguir viviendo
cuando ya no quiere ni puede más.
Es increíble la capacidad de evolución
que puede adoptar
y la capacidad de aprehender a vivir
sin aquello que siempre tuvo.

Capacidades increíbles

Siempre te he querido el doble
de lo que me he querido a mí mismo.
Ahora que te has ido debo quererme el triple.

Porque **me lo debo**.

———————————————————————————————

Pequeña confidencia
Yo quise mucho a mi abuela.
Más que muchos a su propia madre
esto os lo aseguro.
Pero muchas veces no hacía caso a sus consejos,
dada mi temprana juventud y mi rebeldía interna,
supongo.
Ahora que no está, sigo todos
y cada uno de sus consejos
que vienen a mí de forma masiva y nítida:

«Sé fuerte».

    «Esas cosas no las digas».

        «No jures»

Ella me educó no solo para ser buen hombre,
sino también para ser buena persona.

———————————————

El amor que yo sentía y sigo sintiendo por esta mujer
trasciende vidas.

El cielo y tú
Miro allí arriba y pienso
que no solo puede haber esto,
que tiene que haber algo más,
que tu sonrisa y tu fuerza no eran de este planeta.

La vida que albergaba tu cuerpo, tu luz, tu alegría,
derrochaban rayos de amor por cada poro.

Miro allí arriba, veo esa estrella
y no es más hermosa que tus ojos.
Veo el camino donde te daba paseos
y sigue intacto, pero ahora tan triste, tan vacío.

Las flores se pusieron marchitas al irte,
parte de mi corazón murió contigo,
pero no te preocupes, mi niña,
que intento revivir cada nuevo día
que consigo amanecer.

No te preocupes, cariño mío,
me regaré, me cuidaré, saldré adelante,
aunque este enorme vacío me aplaste cada noche.

Miro allí arriba y pienso
que no podemos ser solo química y biología,
que lo de arriba no puede ser solo química y azar.
Es imposible que la luz
que más alumbraba mi oscuridad

esté completamente apagada,
porque si no,
yo ya no estaría escribiendo esto,
yo ya no estaría respirando esto.

———————————————————————————————————

Soy tu fuerza
En mis manos está la tierra
que ahora tapa tu ataúd.
En mi pecho, el desconsuelo al vacío
que entierra mi alma.
En mi cabeza, el consuelo de que me cuidas
desde algún otro lugar
inexplicable a los humanos vivientes.
En mi esperanza está el volver a verte.
En mi tristeza, tu ausencia.
En la alegría que me dejaste, el construir murallas.
Y en las alas que baten eufóricas en mis dorsales,
el comenzar de nuevo el vuelo.

Gracias por tanto.

____

Cada persona nos saca nuestros diferentes «yoes».
Y tú me sacabas mi yo más tierno y amoroso.

Somos para los otros

Yo he amado, amo y posiblemente
amaré a muchas mujeres,
pero es casi imposible **amar** tantísimo
como yo te amé a ti.

D. E. P., mi niña yaya.

CCVII

IV

POST MORTEM

Pretendí enterrar mi rostro con mis barbas y cabello
como la tierra enterró vuestros cuerpos.
Ingenuo

*Foto extraída de mi huida y estancia en Buenos Aires
durante el confinamiento obligatorio.*

DANIEL VELÁZQUEZ

La muerte es un **volar** hacia dentro.

Más que para tomarme un par de copas,
estoy para seguir poniendo velas a mis muertos.

Sábado noche

Con el paso del tiempo te va doliendo menos
la muerte de tus seres queridos.
Por la simple razón de que con el tiempo
te vas acercando más a ellos.

Dieciocho y veinticuatro meses:
Ya empiezo a sacar **la palabra** ante vuestras tumbas.

Duelo
Mientras a mis muertos les crecen malvas en el pecho,
yo dejo florecer el último cabello que ellos me vieron.

Máscaras
Hay mañanas que las lágrimas
inundan mi rostro.
La aceptación de un doble duelo
no ocurre del ocaso al alba.

Hay mañanas que las lágrimas
inundan mi rostro.
Después, me lavo la cara
y me pongo mi mejor sonrisa.

———————————————————————

En la noche derramo lágrimas ensangrentadas,
llorando por mis muertos.
En el alba bailo al más estilo *funky*,
también por mis muertos.

Sobreviviendo

Mi mente embriagada de pasado,
mi alma infectada de dolor.
Decidí volver a centrarme en **mi cuerpo**
como única solución.

En otra vida fui un **suicida.**
Esta la aprecio demasiado.

Hoy, al fin, soñé con vuestras tumbas.
La aceptación está llegando.

Llevo **besando cadáveres** desde los nueve años.
Si en algo soy experto es en esto,
en amar hasta después de la muerte.

Sonríe
Nuestra muerte puede ser instantánea y fulminante,
pero también puede ser lenta
y enmascarada de eternidad.
Sea como fuere, la hemos de aceptar.
No con resignación, sino con una sonrisa.
Cuando llegue, sonríe.
Mientras no llegue, sonríe también.

Lo peor de morir es dejar de reír.
¡Ríe mientras puedas!

Aprehender a perder
Si no es la vida, será la muerte
quien te quite aquello que crees tener.
Aprovéchalo ahora para que después sientas
que fue una bendición haberlo tenido.

Si alguien podía decir que la **felicidad**
aún existe después de vuestra partida,
ese alguien era yo a través de vosotros.

———————————————————————

Respeto tanto a la muerte que ya ni mato insectos.
Ahora, si me encuentro cualquier ser sin vida,
lo entierro.

———————————————————————————

Los sueños, las fantasías, el amor, el odio, la vida
y la muerte viajan en la misma estrella fugaz
hacia ninguna parte.

El reloj de arena de nuestro pecho va quedándose vacío
mientras se llena lo vivido.

Y al final, **la aceptación del todo** es nuestro único fin.

____

Dónde van las ánimas
Dónde van las almas vívidas y consumidas.
Dónde irán aquellos que nos dejan.
Dónde iremos cuando nos marchemos.

Yo no lo sé, señoría.
Lo que sí sé es que si bondad emanas,
florecerás el corazón de las almas.

Y ahora, que en el mismo año se han ido
dos de las personas más importantes de mi vida,
me pregunto:
«¿Qué hago yo con tanto amor, con tanto dolor?»

Una voz interior me dijo:
«**Crea arte**, para amarte, para sanarte».

MMXVIII - MMXX

Y yo, que por pena soy un hombre de lágrima seca,
durante estos dos últimos años lloré hasta secarme.

¡Benditas estas lágrimas
que hidrataron todas mis heridas!

SOBRE MÍ

Soy la mirada de los que ya se fueron.
El fuego eterno de su fragancia.
Soy el que mira sin miedo,
con alegre aceptación,
incluso en la última estancia.

FINAL (Siempre hay un final)
Si quieres enterrar el duelo,
el duelo te enterrará consigo.
Debes aceptar el duelo,
y aquí no hay fórmula.

Y para cuando **los cielos** me esperen
entrar con los brazos abiertos.

CCXXXIII

Ahora que empiezo a coger el tranquillo
a esto de la vida me llega la muerte.

RENACERÉ...

Sobre el autor

Nacido una noche de San Juan de 1992, Daniel Velázquez García vive actualmente en la antesala de la treintena. Estudia Dirección escénica y dramaturgia en la Escuela Superior de Arte Dramático de Castilla y León (ESADCYL) en Valladolid.

Es el director teatral de la obra *Conversaciones con mamá* en la compañía El Duende Teatro, de Aranda de Duero (Burgos, España).

Anteriormente ha recibido formación actoral en Madrid y durante un breve periodo, antes de que el mundo fuese confinado, en la Universidad Nacional de las Artes (UNA) de Buenos Aires, Argentina.

Ha realizado pequeñas piezas televisivas para TVE y Mediaset, y ha actuado en diferentes elencos y en distintas *performances* con múltiples artistas. Suele presentar sus libros en formato *performance* poética y es también autor de *La guerra de un poeta* (2018).